Un ma
beso pa

por Sara Del Castillo   ilustrado por Nancy Davis

Harcourt

Orlando   Boston   Dallas   Chicago   San Diego

Visita *The Learning Site*

www.harcourtschool.com

ISBN 0-15-331268-8

6 7 8 9 10   373   10 09 08 07 06

Ordering Options
ISBN 0-15-331247-5 (Collection)
ISBN 0-15-331383-8 (package of 5)